JN439770

고 제 웅 시집

쉬어가는 단풍

고제웅 시집

쉬어가는 단풍

지은이 고제웅
펴낸이 최명자
펴낸곳 책펴냄열린시

부산광역시 중구 중앙동 3가 14-1
전화 051-464-8716
출판등록번호 제 02-01-256호
출판등록일 1991년 2월 4일

1판 1쇄 2007년 6월 5일 발행

값 7,000원

ISBN 978-89-87458-55-7 03810

저자 16세때 범어사에서

꽃이 온다, 간다
꽃 사이 꽃

메주스님 고제웅 시인은 전북 정읍시 아양동에서 농부의 아들로 태어나 1963년 전주 송광사 김혜광 큰스님께 신토불이 장류(된장, 간장 등)를 배우고 1965년 부산 범어사에서 성수 큰스님을 은사로 득도함. 1966년 통도사 극락암 경봉 큰스님께 화두를 받음. 1970년 통도사 강원 사교과 수료. 부산 초량에서 화엄사 창건. 2005년 『한울문학』에서 시 「소생」 외로 등단. 현재 거창에서 순 자연식품(신토불이 장류) 정토원 대표이며, 부산 초량동 공덕사 주지로 있음.

ㅁ서시

얼마나 맑아야
꽃빛 속에 내가 보일까
꽃의 가슴을 열고
내 마음을 전할 수 있을까

숨이 그치기 전
풀, 나무의 정령과
둥근 춤사위 그릴 수 있을까

해 달 별에게 묻고
바람에게 사정해 본다
모두는 한 울 속
모양과 색깔을 떠난 몸이 아닐까

2007년 부처님 오신 날에
제웅 합장

제 1 부

제 2 부

제 3 부

제 4 부

제 1 부

적락寂樂

갈 길이 먼데
선 채로 피어난 숲
가부좌 틀고 계시는 님의 고적한 혼들이
폭포로 부딪고 산새로 울어
열린 귀로 들으니
산에는 꽃이 피더라

보느냐 바람이 달빛을 불러
봄 가는 꽃잎에 나를 싣고 가는데
난 님의 품에 어리어
꽃 피고 새 운다

꽃 광명에 앉아

상서로운 구름이 피어나면
산천에 피는 꽃은 빛이더라

호랑지빠귀
싱그러운 휘파람 불고
풀벌레 가야금 병창이구나

햇살이
잎새 바람 유리알 굴리면
방석위에 등골을 세워 앉는다

산천에
어우러진 화엄같이
몸은 꽃으로 피고 지는데

마음은
팔색조 이음매
잔잔한 물결에 은어가 튀는 꽃빛이 된다

꽃의 만다라

봄꽃 피어나면
바위 마음 설렌다

꽃그늘 속 인파가 불러도
나는야 가지 않을래
꽃 보다 아리따움 두고 가지 않을래
향 사루고 포단에 앉으면
향냄새 스며드는 내 안의 만다라

거기에 폭포가 있고 녹음이 짙고
새들 우짖어 노래를 한다
왜 무엇 때문에
밖에 나가 산란의 칼 딛겠냐
나는 꽃의 아름답고 향기로운
잔잔한 화엄에 노니는 하얀 새

오묘한 꽃의 나라 싱그러움
그 향연 소리를 들어보렴

참빛살나무의 봄

꽃이 진다
봄 시작하는 문턱에서
바람 불면 움트나 조바심
참빛살나무 가지에 걸려 있다

하루면 수차례 남녘을 보며
봄빛인가 눈길은 마중 나가네
빛은 오는데 수족은 뻣뻣해 지고
속도 고장 나 몸은 늙어만 간다

사계로 순환하듯
내 안의 봄은 오지 않는가
부활 그 이전 산마루 달이 걸려
잎, 꽃이 트고 있다

꽃 마중,
사계는 하늘에 있고
참빛살나무는 가슴에 자란다

꽃 · 1

꽃이
산 바다 이루면
순이는 꽃 사이 꽃이 된다

꽃은 순이를 보고
순이는 꽃이 되어 웃는다

꽃이 온다, 간다
꽃 사이 꽃

꽃 · 2

일찍이 에덴의 정토에는
모두 꽃이었다

그런 뒷날
광풍은 가슴 속에서 일고
뱀이 꼬리를 쳤다

먹구름이 춤을 추고 비로 모이어
하늘은 울고야 말았다
바람은 무서운 속도로 내닫고
원죄는 끝없이 윤회를 한다

가슴은 더 이상 꽃이 아니다
보라는 달은 보지 않고 싸우고 있다

꽃은 가슴 가운데 있어
얼굴 밖으로 피어나는데
거대한 바위산이 굴러간다

꽃밭은 가슴에

씨앗은 손바닥 위 작은 우주
환희를 보려 텃밭을 일군다

손은 흙 범벅이 되어
이마 구슬땀 일구어 가면

가슴은
새들 우짖고 꽃이 피어난다
꽃은 제각기 단장을 하였다

매서운 바람이 몰아칠 때
전정가위 앞에 글썽인 눈물

텃밭에 뿌린 씨앗
꽃밭은 밖에 있던 게 아니라
내 안에 있어
척량골 시내를 따라 물을 댄다

가뭄에 눕던 꽃들이 일어나 앉고

시든 잎들이 활짝 웃는다

오랜만에
눈의 안과 밖 화엄을 이루고
새들 그리고 풀벌레, 장고 아쟁 북춤이 어우른다
꽃밭 직관의 빛이
어둠을 갈라간다

꽃 세월

가슴 아프고 힘든
그때 피는 꽃

뒷날 돌아보면
오늘이 꽃 세월

내 모습

내 호흡이 멎는 순간
푸른 산 깊은 골에
메아리 되어
나도바람꽃으로 피리니

그대가 정녕 나를 찾아
내 근황을 알려면
잎, 꽃
오가는 모습을 보오

나는 본디 그의 아들로
잎, 꽃이 피고 지는
역사이었느니

굳이 묻지 마오
허공에 던진 한 점 내 혼의
잎, 꽃 오가는 모습
내 얼굴을

등꽃

5월, 달 밝으면
달빛 담아 공양드리려

줄줄이 등불 밝히고
님 향해 걸어 가오리니

깨금질 콩닥거리는 가슴으로
피어나는 자옥색 마음

은하수 건너
님 계신 서녘으로

소쩍새 찬가 소식과 함께
동 트는 소식 담아 보내오니

님이여
내 사랑 이 정성을
하늘에 걸어 주소서

마음

거울에 봄바람도 걸리어
잎, 꽃이 트고 있구나

여름 가을 겨울
모습도 비추나니

이 몸 씻고 닦으면
네가 보일까!

이목구비 열어두고
나는 아직 너를 모르나니

별 하나 나 하나
얼마나 세어야 네가 보일까!

별을 세다 눈을 돌리니
달빛에 시냇물 소리 실리어 간다

말言

공허하다
혼돈하다
태초 말씀에 하늘이 열렸다

대지에 잎 꽃이 피어나고
새, 짐승 노래를 불렀다
지극히 아리따움
천국 그리고 극락이었다
낙원에 사막이 피어났다

창세기 내 안에 하늘이 열리고 닫힌다
내 혀, 입술의 마술
허공은 회오리 광풍에 휩싸이고
꽃잎은 하늘로 오르다 땅에 뒹군다

공허하다
혼돈하다
끝없는 윤회를 한다

몸살이 나을 때

몸은 무거운 짐을 싣고
언덕을 오르는 풀잎같이
뼈마디 세포 혈관에 염증이 인다

이럴 땐 쉬어가야지
쉬는 동안 산천에 비 내리고
촉촉한 비에 잎 꽃이 피고 진다
훙얼훙얼 종달새 하늘로 오르고

산들에 피고 지는 잎 꽃 같이
육신 속
문이 열리고 닫히는 아름다운 세계를

소생

벗이여
별 모여 멱 감는 계곡에
향 촛불 밝혀다오
산등에는 달빛 고우리니
미련은 시렁에 얹어두고
진달래 활짝 피이어
불여귀 노래하거든
내 왔다 하여라

야생화

산모퉁이
노란 쇠스랑개비

수 억만 년 진화해
이제 웃는다

뉘 알까
깊은 꽃 마음

산수유

내면
사면팔방 흑암이 되었다
그래도 산수유 꽃이 피었다며
뻐꾸기로 노래하는가
시공時空을 잘라 먹고도
허허인가
몸속 세포 반란이 있기까지
그래그래, 사는 거야
태허太虛로 가는 거야

내면의 소리

물이 뇌세포를 지나갔다
그 속에서 들리는
꽃 피는 소리

어떤 선율의 곡조
아름다운 소리가
이 같을 수 있을까
상서로운
구름 흐르고
잎이 피고 진다

제 2 부

귀거래 교차점 歸去來 交叉點

비 그렇게 후들기더니
날 멀쩡하다 언제 그랬냐는 듯
해 방긋 웃고 있다
내 집은 어찌 되었을까

귀가길 가야만 하는데
다리가 떠내려가 내를 건너야 한다
발 동동 걷어 부치고
눈은 먼 산 보며 물을 건넌다

한 중간
물이 깊고 유속이 빠르다 느껴지는 순간
산, 하늘, 물이 도니
정신이 아찔하고 다리가 휘청한다

몸 겨우 가누고
몇 발짝 내딛었나
정신이 드니
돌던 물, 하늘, 산, 멈추어 선다

이것이 생의 중간 지점이었나
물귀신 되다말고 무사히 귀가 하였네
한 숨 돌리고 방석에 앉아 사유길 따라 들어가니
내 안에 비바람 불어 폭우가 인다

들숨 날숨
바람은 거세고 혈관 수맥은 파도가 높다
고열로 몸져누워 자리보전 하니
생명은 경각이다

혼수
산이 돈다, 바다가 돈-다
오장과 육부 뼈마디는 통제 불능이다

염라대왕
거느린 권속들 풍악이 아름다워라
죽음의 어디쯤 왔을까
고향에 가고 있나

회오리 일어
천 길 낭떠러지에 곤두 박히는 순간
일어나 앉으니 이곳은 이승인가 저승인가

시야
여명이 깃들고 방 벽이 보인다
이마를 만지니 식은땀 흥건히 강을 이뤘다

이 또한
생의 중간지점 사의 교차점이었나
내 안에 수시로 비바람 몰아치고 해가 뜬다

사대는 자연에 있고
또한 몸 안에 있어
자다 말고 선체로 객귀되어 귀가 할 수도 있다

※사대(四大) : 지수화풍(흙, 물, 불, 바람) 즉, 우리 몸을 이루는 근본

꿈

상상도 없는 세상에서
온갖 체험이
온 전신으로 이룬다
말로는 표현치 못할 만큼
먼 전생사인가
아니면 먼 미래사인가
나는 분명 타임머신 타고
전생과 후생을 넘나들고 있다

이승의 사고로는
가늠치 못할 세계
너무나도 선명하게
씨줄과 날줄로 수놓으며
꿈같은 세상에서 꿈을 꾸며
꿈속에 취해서 꿈을 안고
꿈 깨이지 말자고 다짐 한다

어느 순간
꿈에서 깨인다

그러나 나는 꿈 가운데 있다
현실도 이승이라는 꿈 가운데 있다
이 꿈이 깨는 시각은
나의 오도悟道는
어느 시점에서 점을 찍을까

내면의 전쟁

내면의 전투에는
허상은 통하지 않는다

다른 사람 그 떠벌림들
시비는 나의 분상 아니다
피 눈물만이 힘이 된다

파초 잎줄기 벗기면
또 잎줄기
끝내는 텅 빈 것

이를 위해
처절한 전투를 한다

내 안의 바다

갈매기 부지런히 파도를 노래할 때
나는 괭이로 땀을 일군다

내 안에 사는 소라 이야기 들으며
너울물결 수평선 너머 고기잡이배
어스름녘 주마등 불빛 싣고 온다

등거리 적삼 쥐어짜는 듯
땀 배어 흐르고

뱃길에는 오색 깃발 날리어
내 안의 바다 잔잔히 맑고 푸르러 오는데

하루 일과 끝나면
소라고동 소곤소곤
은하수 물결을 타고 있다

도화 渡河

길은 폭우로 끊겼다
다리 떠내려가 물길이 사납다

통신이 두절 되었다
사태와 매몰 일어나고 있다

가재도구
손때 묻은 살림살이
아깝다 하나라도 건지려는가

위험한 도하渡河
살다보면 당할 수 있는 일
가슴에도 건너야 할 도하渡河가 있다

한 번은
강을 건너는 일
결코 소홀할 수만 없는 일이지 않은가

주인공이여,

등골을 휘어서 쌓은 탑이
폭우로 내리며 산사태로
그대를 매몰해 온다

강 건너
피빛 창검으로
폭풍우 몰아쳐 오고 있다

강 건너기 전에
돌아보면 업윤業輪은
일원보다 밝고 쉬지 않는다

바람

땀 죽죽 나는 삼복에
바람 한 점 없다
숨은 막히고 귀는 질식할 것 같다

더위가 나를 삼키더라도
숨을 그치지 말아야지
귀는 열어 두어야지

뭇 생명도
바람이 일궈 놓고
스스로 머물고 떠날 줄 안다

불고 나는 것 막지마라
불면 맞고 가면 보내라
잡아둘 수 없고 잡아서 될 일 아니다

풍향은 그가 정한다
바람났다 시비치 마라
내가 바람의 일부이듯

바람이 춤을 추고 있다
부는 바람은 잠들기 마련이다

시간이 흐르면 시원하고
단풍 들고 눈, 비 온다
잎, 꽃이 트고 새소리 그윽할 것이다
바람은 가슴 아니 세포에도 있다

빗소리

온통 타악기 소리
이보다 장중한 음악이 어디 있으랴
풍악 교향곡 은어가 튀듯
통통 뛰어 오르고 있다

첨곡은
번개가 번쩍 천둥이 우르~릉 쾅
숙연해지는 지상 최대의 곡이다

관객은 사람과 천지 만물이다
곡 흐를수록 생과 사 갈림길에 서있다

타악기 소리

번개 천둥칠 때
쿵닥거리는 가슴으로
쇠붙이 들고 비 맞으며 서있겠는가

놀란 가슴
산사태 혈관이 터질 수 있다
뇌출혈 장송곡 들려올 수 있다

생사生死
한 손에 검어 쥐고
산 들 잎 꽃 틔우며 가슴깊이 흐르는 소리

눈과 귀의 안과 밖
하늘 맑은 날도 쉼 없이 흐르고 있다

※타악 : 손이나 채로 두드리거나 부딪쳐서 소리 내는 곡, 타악기

산 · 1

산을 오르고 있다
숨소리에 숨이 막힐 듯
땀은 비 오듯 등줄기를 흐르고 있다

왜 오르고 있는가
산이 여기 있었고 온 건 나였다
걷는 수밖에 다른 도리가 없다

오른다 걸어서 끝까지
내게 맡겨진 등짐을 지고서
힘들고 다리 끌릴지라도 가는 것이다

가는 길 창공에
구름이 걸려 있구나
눈, 비 오기도 하겠지
가다 보면 꽃 피고 새소리 들릴 거야

산 · 2

바람 불고 비 오는데
길은 험하고 미끄럽다
조심하여도 다리에 핏줄이 선다
여차하면 미끄러져
석양노을 속으로 날아가겠다
한 발 한 발이 살얼음판 보다 무섭다

산은 성난 나찰로 서있고
나는 신의 몸을 더듬거린다
길은 진흙길 돌부리 발에 채이고
가시덤불이 가로 막는다

앞이 막막하여 잠시 눈 감으니
산은 내 안에 있고
산길 헤쳐 가는 건 내 마음에 달려있다
가다보니 비바람이 잔다
해 든 길에 꽃이 웃고 새가 노래한다
그래도 산은 신으로 서있고 나는 산에 있다

산 · 3

산에는 길이 있다
잃었을 땐 찾아야한다
방황과 좌절은 금물이다
항상 현명해야한다

어리석은 마음 내세우면
바위벼랑 폭포 그 어디든 궁굴어
다치거나 세상을 하직할 수도 있다

땀 흘리면
산은 성역 복사꽃 피어나고
경건한 콧노래 체세포가 열리어 온다

산 그리고 하늘이
가쁜 숨결 사이로 들고나며
꽃이 피고 새들 지저귄다

산 · 4

산은 화가다
봄이면 나무 가지에 꽃을 달고
여름에는 잎을 그려 그늘을 만든다
가을에는 단풍을 들여
붉고 노란 오색열매 황홀하고
겨울 산 눈 내리면 천지가 목화밭
수묵화 웃음이 가득하다

이 황홀한 그림에
걸어야만 시야에 들어오는 풍광을
몸 가득히 안을 수 있다
그러나 산은 언제나 제자리 있었고
땀 흘려 들어야만 산을 알 수 있다
산을 그린다
몸으로 겪어 가슴으로 그린다

식 識

눈, 귀, 입 막고서
보고 듣고 말하기에
걸림이 없이 흐르는구나

청, 황, 적, 백
시비하지 않으니
꽃들 송이송이 아름답구나

하늘 땅 보다 먼저 있었고
그 무엇보다 긴 수명
나고 죽지 않는 모습이여

내 가슴에 있어
바람 빛이 온 누리 가득하니
새 짐승 울음도 화창 하구나

※식識: 의식 같은 것, 영식靈識 하늘 땅 생기기전 있었고 하늘, 땅이 없어져도 영원히 존재하는 비 형상

이 뭣고

토굴 가부좌 하고
앉고 서고 보고 듣고
어묵동정語默動靜하는 이놈은

뭣고
이-뭣고

고양이 쥐 잡듯
주린 사람 밥 찾듯
늙은 과부 자식생각 간절하듯

목숨 건 도전
처절한 몸부림
불철주야 찾아봐도 보이지 않는다

답답함에
몸마저 망가질 즘
새벽 배 들어와 해우 하는데

강물 위 달빛 내게 온다
달 보는 순간 섬광 같은 것
산하대지 우주를 통철하네

마음 빛
산하대지 우주
육肉, 정精은 모두 하나

이 소식
산들에 잎, 꽂이 피고 진다
이것 모르면 어찌 인생 왔다 감이랴

※해우(解憂): 근심 풀다, 대 소변 보는 일.

이 자리

생각해 본다 아버지 어머니의 부모
조고, 조상, 그… 조상 끝없는 선조
인류로 진화하기 전
그 이전 작은 생명체

어느 한 생명 내 조상이
실패한 삶을 살았다 하자
이 자리 내가 있을 수 있나
생각도 못할 일이다

내 삶, 이 건 그들의 수고
처절한 삶의 피눈물이었다
어찌 경거망동으로
생을 살 수 있나 생각한다

윤회

단풍나무에게 남은 것이 있다면
그것은 색깔이어라
붉은 오색이 씨앗이 되어
생을 이어 간다
대기 속 물방울을 모아서
결정으로 태어난다
모두가 똑같이
셈이 끝나지 않아서
얼마나 내가를 치러야 할지
이웃을 보니 모두를 보니
하늘 끝까지 셈을 해간다
끝없는 삶을 향하여
숨 가빠 허덕거리며 줄달음 친다

잠의 꽃탑

잠 덜 깬 눈
일어나 앉으니 꿈은 하늘로 가고
탄생하며 겪는 것 같이 낯이 설다

잠시 뒤 방 벽이 보이고
낯익은 책장이 눈에 들어와
하루가 열리며 새가 노래를 한다

피로가 쌓이면
자리에 눕고 다시 잠을 청한다
텅 빈 어둠은 때로는 사유思惟의 세상

배우가 되어 무대를 활보 한다
주인공으로
삶과 죽음의 영역을 수없이 넘나들고 있다

누가 이를 거역하고 부정하랴
명암明暗, 생과 사 生死
그 오묘한 꽃탑 속의 휴식을

달과 대작

달 보고 있으면 이 태백 생각난다
이 주선
달 밝은 날 달과 주거니 받거니

술 거나해지자
달, 강 하나로 돈다

이때다 달 건져 와야지
이 태백 물 속으로 첨벙

양자강 속 달을 잡고 그는 갔다
불이삼매不二參昧를 이루었다

달과 대작
멋진 모습 속으로
주거니 받거니 유영해 본다

태풍 후 다시 사는 기분

비 바람 분다
물 천지 되고 있다
나무 뿌리채 뽑히고
산사태 매몰 일어난다
큰 바람은 나무를 강타하고
내 안에도 비 바람 친다

뼈마디 삭신
물에 빠져 죽은 물귀신 마냥
뼈골이 물 사태에 뒹굴어 쑤시고 아프다
몸은 관상대 예보 그 보다 정확하고
사대四大 인연상 떠나 제각기 놀려한다

세상에만 재앙 있는 게 아니라
내 안에도 끝없이 일어난다
119 구급팀과 수습팀
혈맥을 따라 매몰을 수습한다

잎과 꽃을 보려

뽑힌 나무를 다시심고
길, 수로 보수공사 구슬땀 흘리고 나면
나뭇가지에서 새들 지저귄다

출입出入

한숨 자고 일어나니
새벽 공기 상큼하다

문 밖에 한 발 딛고
한 발 합쳐 선다

해가 지면
달, 별이 뜨는데

세상 떠들썩
웃고 운다

한 생각에

내 안은
흙, 암 절벽

눈앞은
머물 수 없고 나갈 수 없는 벼랑

여기서 미침
혹은 달관
명암이 갈린다

구름이 일고
비바람 분다

꽃 피고 새들 지저귀며
가슴에 은하수 흐른다

한 생각에
빛과 그늘이 윤회를 한다

제3부

쉬어가는 단풍

토심土心은 내 마음 아는가
마르던 단풍이
비 오니 가슴을 열어 색이 짙다

하직 인사에도 목은 축여야 걷지
메인 목으로 어찌 오색치마 두르겠는가

단풍도 물마시며 쉬어가야지
쉬어가는 단풍은 하늘의 처녀
고운 손 흔들어 쉬어 가란다, 쉬어가자

가는 길 그만 두고
임 따라 도솔천에 오를까

오색가슴 접어서
낮달 쪽배 타고 은하수 건너시라

산 수조 곡소리로 여비 드린다
봄이 오면 잎 꽃으로 다시 오소서

가을 내장사 연못

내장사
연못가 늙은 나무에 햇살이 내리면

잎새는
유리 빛 순정에 꿰인다

이때
단풍은 해탈로 가고

못 속 물고기는
목탁소리를 머금는다

가을 농가

쪽빛 하늘이
건듯 바람을 불러
백일홍 꽃 피우더니
벼 고개 숙인다

붉은 고추가
농가 마당에 가득하고
그 위로 고추잠자리
비행을 한껏 뽐낸다

울타리에
누런 호박이 덩실덩실
한 곁에 봉선화 터질 듯
코스모스 하늘거리고

강아지 닭 쫓다가
올려다 본 지붕 위
흰 구름
산 고개 넘고 있다

나이테

연화장 그리고 진화장
바르고 그려 보아라

늙어 가는 단풍나무
속진을 털 수 있는가
속일 수 없는 것이 시간이다

세월만 탓하지 말고
가는 구름에 달 가듯
홀로 가라하고 쉬어가라

한마음 쉬면
삶의 아름다운 나이테
중후한 멋들이 시간을 타고 온다

오색 잎 순 같이
여윈 얼굴은 향으로 피어난다

내장사 단풍

가을,
겨울 접어오면서
환상의 나비떼 꽃이 피었다

햇살 내리면
오색 금라 유리 빛 꿰이어
잎새마다 목탁소리 염불 삼매다

수 천 수 만
오색 가슴의 바라 춤사위
도솔천 처녀들 공양드린다

내장사 연못 물그림자

연못 속 산이 깊다
팽나무 등 고목이 물구나무섰다

담은 성벽처럼 고색창연 하여라
기와집에 법고 달렸으니 용궁인가

잉어장군 갈견이 병사들
단풍 빛 사이로 훈련 중이다

낙엽은 범선이 되어
황군 홍군 장엄한 진을 치고

미풍에 단풍은 춤을 춘다
아름답다 못해 황홀경이다

삼십삼천 가장 아름다운 도솔천
처녀들 나비춤이 꽃으로 피었다

단풍 관광

나뭇잎에 물이 들면
산에 들어가 초막 한 칸 지어

문은 창호지 바르고
면문관심面門觀心 기다림 시간 갖는다

단풍은 저녁놀에 더욱 붉어
천지 따라 마음도 붉어지면

단풍 속으로 한 발 한 발 들어서
외경에 내심이 합치된다

보라
하나를 이룸이 관광이다

단풍 그림자

달
빛
하늘 처녀의 춤사위

너를 가슴에 담아
마음 쓰리고 아플 때
꺼내어 상처에 문지르면

네 손은
송이송이 꽃이 되어
하늘에 닿는다

꽃비
달빛은 은은하고
나를 도솔천 궁전에 두니

탐 진 치
백팔 번뇌를
단풍 빛으로 밝힌다

달
빛
그리자 춤사위
텅 빈 충만의 오색 춤

달
빛
단풍을 응시한다

단풍나무

봄 나무
가녀린 잎만 애처로워
꽃은 치마폭 사이사이
그 누구도 보는 이 없더니

여름 내내
타는 목 늘어져
밤이슬로 목축이고

가을 접어
겨울 오는 문전에서
해탈로 가는 나비들
오색 치마저고리 아름다워라

가슴은
노란 정 붉은 사랑
소슬 바람도
춤사위 밟아 가네

단풍의 시작과 끝

붉은 사랑
노란 정
선녀들 오색잔치 벌였는데

옷차림
너무도 고와서
바람에 얼굴을 묻으니

그 빛은
공空에서 왔다
공으로 가는 바람이라

허공은 점에서
시작하고
점으로 끝을 맺는데

눈길은
가물가물
오색은 가슴에 무지개 그린다

단풍은 내 마음 아는가

잎새들 수 없구나
내 먹어온 밥 그릇 수 저보다 많을 거야

세상 살면서 먹어온 밥값은
빚이나 지지 않았는지

곰곰 생각하면 고개를 들 수 없구나
내 살자고 다른 생명을 먹었으니

석양이 울고 단풍 숲마저 선혈을 토하면
붉은 혼백을 내어주고 사죄할까

단풍 잎새마다 지고지순한 마음으로
참회의 눈물을 뿌려본다

단풍은 내 마음 아는가
오색 가슴으로 울고만 있다

단풍별곡

단풍 들면 붉은 가슴
그리운 이 두고 가시는 님
애틋한 정 빚는 색상인가

흔드는 손
구곡간장 녹아 흐르는 심산 별곡은
산 수조 울음으로 청, 황, 적빛 갈라 가고
있는데

적락은
가슴 깊은 곳에서 일어나
단풍 바람을 타고 서녘으로 간다

서국西國에
일천 잎 연화가 피어나니
단풍은 꽃으로 피어나 나비로 날고 있다

*서국 : 극락세계

단풍 비질

내장사
깊고도 찬란한 얼굴이
낙엽 비 내린다

가슴이 찢기고 멍울져
오욕에 찌든 발에 밟힌다

온통 백팔번뇌
낙엽이 뒹굴고 있다

빗자루
목탁삼아 염불 삼매를 걸고
도량을 쓸며 마음을 쓴다

관세음보살 관세음보살……

가슴 깊은 곳에서 적락이 일고
노을을 따라 서녘 하늘로 간다

단풍 빛 화살

곱다
단풍 노을
도道 이루면 저 같겠지

나는 합당한 행위와 목적으로
가을 오색단풍 공기를 호흡하고 있는가

심중을
단풍 빛 화살로 쏘아 본다
삶의 과녁이 빗겨가지 않나 두려운 일이다

참회

단풍은
붉고 노란 심장을 들어내
온 몸으로 참회하고 있다

일 년에 한번
가진 것 다 털어
오체를 던진다

봄
오기까지
빈자의 자리로 돌아가 숨 죽인다

달팽이 산 오를 때

집 잃은 달팽이
온 몸으로 산을 오를 때

남긴 흔적
몸이 닳아서
피빛보다 아픈 멍울이
가을 산을 태워
붉게 단풍 들더니

황혼녘
집 잃은 달팽이
길벗 되어 단풍도 진다

미스 단풍

미인대회가 내장산에서 열렸다

소나무 참나무 굴거리 등
온갖 나무미인이 다 모였다
바람은 매서운 눈초리로
미인 나무를 심사한다
나무들은 그윽한 향기 내뿜으며
열정을 토하고 섰다

더러는 강원도 고성 불 태운 년
낙산사 삼킨 년들도 야단이다
누가 미스 단풍 될까
쿵닥거리는 가슴들 사이
가을 지나 세월의 속진을 털고
사계四季 들어서면서 나툰 아름다움

금관을 쓴 단풍나무
도솔천 미인이
하늘을 날고 있었다

아버지 단풍

아-야~ 아이-구 어매
나 죽어

늙으신 아버지 병도 병이려니와
아들 며느리 들어라 엄살 늘어만 가신다

도를 알고 가셔야 하는데
어쩌면 좋을까 내 아버지

아버지
아들이 하늘, 부처님이어도
아픔을 대신할 수는 없습니다

그래도 막무가내
내가 너를 낳았다는 식
떼 아닌 생떼로 세월을 보내신다

아버지,
아픔과 죽음은 본인만의 몫이랍니다

알아 들으셨나 팽팽한 줄다리기
밀리고 당기고 그 끝은 보이지 않는다

운명의 시간
막내아들 보고 싶나요
못 보고 가심 어떡해요

일없다
가는 것 내 몫이다
사랑과 미움은 흰 구름에 걸어주고
도솔천 푸른 물에 노저어 갈란다

제4부

메주

대공은 뿌리를 찾고
뿌리는 콩을 부르는데
아궁이는 불바다
그리움이 탄다

솥 속 처녀들
깍지 사랑으로 끓는다
연민은 뜸이 들어서
절구에 몸을 맡긴다

네 살 내 살이 범벅이 되어
끌려간 곳은 칠성판
두들겨 맞고 다독거려져
새 생명을 얻는다

하룻밤 단꿈 뒤에
짚신에 상투 메고서
시렁으로 살림을 나간다

얼마나 야위어
속을 삭히고 곰이 떠야
장맛을 낼 수 있을까
가슴이 튼다

하얀 사랑

아궁이
투닥 투닥 사랑싸움
활 활 타올라 재받이 둔덕을 넘으면

구들 길 매연의 설움을
고래 개자리가 모우고 달래어
굴뚝은 하얀 가슴을 연다

모락모락
피어오르는 연정
꽃구름 하늘로 오를 때

연기는
아궁이 구들 고래 개자리가
어르고 달랜 사랑이었다

길

문 앞에
길이 있다
어디든 갈 수 있다

가는 길
다르다 탓하지 마라
생각이 다를 뿐이다

가다 보면
우여곡절 있을 수 있다

거기 길이 있기에
가야하고
빙긋이 웃으며 마침내 문 닫아야 한다

메주 치는 나이소리

상현 달
보름 가까워지면
어르신들 한숨소리

우린 끝난 거야
고로쇠나무 심지 않겠다
어느 때 영화를 볼 수 있겠어

아프지 않고
속이나 편케 그럭저럭 살다
자는 잠에 가면되지 뭐 있겠어

산골 마을은
가마솥에 콩 삶는 냄새 그윽한데
메주볼기 내리치며 늙어가고 있었다

메주가 마르는 아픔

메주, 시렁에 걸리어
한 평생 사노라면

좋은 일 궂은 일
속상한 날 없기야 하겠는가

땅 마저 서릿발에 손 드는 날
짚신 누비는 갈가리 헤어지고

상투는 봉두난발 안색은 어두워져
설움이 울컥 가슴이 찢기여 나간다

모진 세월 견뎌내 날은 해빙되고
몸은 보얗게 가슴은 해탈로

버들개지 봄 몰아오며 움트는 소리
오목눈이 하늘로 솟는 모습 보인다

*오목눈이 : 텃새

메주의 명줄

메주
인욕선忍辱仙 되어 천공天供을 하기에
시원한 바람으로 호흡하여 사는 삶이다

그 실實은
사랑하는 이와 맞잡은 손
끈이 떨어지면 천길 낭떠러지로 구른다

명줄은
사랑이었고
서로를 위하는 배려였다

메주의 지극한 사랑은
우주로 연결된 고리였다

메주와의 사랑

해와 달이 비추어
우주가 한 축으로 돌듯이

정토원 시렁에 걸린
너와 내가 어디 있겠느냐

해 뜨면 답답하여 문을 열고
밤이면 얼굴 시릴까 문 닫는다

네 안색이 변하면
첫사랑 순정에 목숨 건
처녀 마음으로 가슴 조이고

네 몸이 트면
내 살이 찢기고
아픔으로 애간장 녹는다

곰 꽃이 피면
낱낱 꽃마다 부처님 계시고

님들의 설법은 미묘하고 아름다워라

그 실實은
네 안에 시방세계가 있고
장엄은 과히 말할 수 없도다

너와의 연민은
은하수 물결을 헤치고 서녘으로 간다

메주의 성숙

문을 여니
메주가 빙긋 웃으며
밤새 하얀 눈이 소복이 쌓였군요

그래 추웠지
아뇨 이웃 덕택에
그래도 안색이 시무룩하다

어릴 적
그 부드러운 혈색은 어디가고
마르다 못해 터지고 곰꽃이 피었다

녀석들
세상살이에 힘겨웠나 보다
산다는 게 어찌 꽃만 피고 새들 지저귐만 있으랴

날도 궂고
눈비 오고 바람도 부는 게지

성숙해 지는 것 그건 수 없는 인고忍苦의 꽃
장엄

얼마나 살 에이고 뼈를 깎아야
봄바람 치마 자락 파란가슴 아름다울까

메주는
설한雪寒의 아픔을 딛고
날마다 고해를 건너고 있었다

메주의 수행

한 평생 건노라면
바람불고 눈 비 오기도 한다

이웃 간에 언쟁이야
마음이 상해 금 갈 일 없겠는가

가슴이 메어져
온 몸에 나는 상처의 아픔을 참아야지

세상의 아름다움은
인고忍苦하는 세월의 꽃보다 더할게 있겠는가

시렁에 메어 달린 채
만고풍상을 겪어 곰꽃을 피워 올린다

장독에 가기 위해
불이문不二門을 닦는다

곰꽃

눈에 넣어도 아프지 않을 딸
시렁에 시집보내 알뜰히 살폈는데
몸은 야위고 얼굴에 곰꽃이 피었다
쌀쌀한 시집살이 상처투성이
친정식구 메인 목에 침 넘기며 참는다
전생에 업보가 얼마나 컸으면
심장이 조여 오는데 보고 참아야 하나
딸년 세상 참고 사노라 마르고 야위어
손 발등 다 터졌다
만고풍상 다 겪고 인성人性이 꽃 피재
그게 늙은이 곰꽃이야
뒤에는 넓은 오지랖 가슴이 있다

얼굴에 핀 곰꽃은
깊은 가슴이
은하수 물결같이 흐르고 있었다

※ 곰꽃: 메주에 핀 곰팡이 꽃

메주 띄우기

풍상을 겪고나면
늙어 물살은 빠지고
마를 대로 마른 삶 아니더냐

저 세상 언덕을 넘어
온 몸이 뜨거워져야 한다오

도란도란 어깨를 맞대고
황토방 뜨거운 열기로 가슴이 익는다

방안은 훈훈한 세상
모락모락 이야기 꽃 피어나고
메주는 하얀 곰 옷을 입고 성신聖身이 된다

이별

곰삭혀 살아온 아픔인데
사랑했기에 미워했는데

오늘 가라시니
가슴이 메여 목이 탄다

눈물은 흘러서
자죽 자죽 밟고 가는 꽃 자 죽

메주의 이별
슬픈 정거장 햇볕도 따갑다

너는 간장
나는 된장
갈라서는 아픔을 누가 알랴

그래
세상 산다는 게 좋은 날만 있으랴
궂고 들면서 꽃도 피고 새들 지저귀지

메주에 이는 바람의 곡조曲調

살에 닿으면 바람도 노래가 된다
잔잔한 여운 그리고 파도

메주 시렁살이 몸으로 겪는
아리따운 선율들

애간장 도리는 결음이 악보가 되어
트고 마르며 곰꽃이 핀다

가슴깊이 멍들면서
꽃들이 피고 지며 고개를 넘는다

귀 기울이면
해탈의 노래는
은하수 물결 타고 서녘으로 가는데
이승에서 구수한 장이 된다

물에 잠길 때

생명은 크고 작음
빛깔을 말하지 않는다
한 덩이 메주 안에도
한 없는 세상이 있다

꽃이 피고 새들이 지저귀고
붉고 노란 열매를 단 수채화
물속에 들어가면 꽃잎은 망가지고
물귀신이 되기도 한다

간절히 백일기도 드려라
변형은 일어나 부처님 되리니
산천은 아지랑이 영롱하고
소쩍새 애절한 사연

동고비 하늘로 솟고
장꽃에 연화장 세계 피어나
마하연摩訶衍 고운 빛은
해탈의 노래되리라

*마하연 : 대승교大乘敎를 달리 이르는 말.
대승은 큰수레.

산과 물 가슴 적신다

수궁에는
보얀 옷 검은 맵시
자랑이 담을 넘을 때

시렁살이에
생활이 궁핍했나
메주 한 짝 눈물이 글썽해

일원상 그리다
고개고개 산 고개 등짐을 지고
잎이나 피우며 둥글게 살래

머리 위
동 동 꽃가지 피는데
꽃 위에 부처님 노래하신다

합장하니
적寂과 멸滅 둘이 아니다
알고 보니 산과 물 가슴 적신다

절이 삭아야지

떴느냐
뜨면 뜬 대로
덜 뜨면 덜 뜬 대로

어울려
수묵화 그리는 메주다
이도 모르며 어찌 둥근 삶 살겠느냐

그러니
콩이다 팥이다
희고 붉음을 논하며 다투는 것이다

새들의 노래는 접고
필요하면 다시 띄워라
산 높고 강 깊음이 아리따울 때까지

얼마나 삭혀야
애간장 절절히 울어나
짭짤한 맑은 거울이 될까

꿈

꿈 깨니 다시 꿈
꿈 가운데 꿈속

이슬이 쌓이고 모여
꽃구름이 있는 듯

메주의 인연
흙 물 불 바람에 돌려주니
무엇이 콩 메주인가

세상을 걸어가던
희희낙락한 살림살이
깨어보니 소금과 씨름한 메주

곰이 삭아서
짠맛 절절이 배어 가는데
달이 밝아 기러기 울음 하늘을 가른다

곰삭은 장이 되리니

탄다 애간장
동동 장꽃이 피어난다

뻐꾸기 울음에 대공 뿌리 그리워
온다 간다 장빛 정 곰이 삭아서
땡볕에 상할까 천둥에 놀랄까

꽃을 달아 주려는 어미 마음
꿈이 되어 이 꿈 저 꿈
잠결이 사납다

풀벌레 귀뚜리 매미소리
이명耳鳴 환청이 돈다
이 세상 모든 것은 다 꿈이다

가라 지나가라
맑은 생시
곰삭은 장이 되리니

장 익는 향기

수장 당하여
가슴은 멍울이 든다

담 밖은
꽃망울 트고 있다고
산새들 소식 주는데

월담은
꿈마저 꾸지 말라고
달 별 은은한 사랑도 막아 버렸다

무정하다
메주스님
도는 무엇으로 닦을까

장독대 뚜껑 여닫는
직관의 빛이
짠 맛 장 빛을 꿰어가
향이 싱그럽다

발문/

단풍 빛 화살로 꿈꾸는 정토

□ 발문

단풍 빛 화살로 꿈꾸는 정토

강 영 환 (시인)

1.

고제웅 시인은 수행하는 스님이시다. 아는 사람은 다 알겠지만 메주 스님으로도 통한다. 스님은 메주로 장을 담가서 사부대중의 건강을 지키는 일에도 특별한 관심을 지니고 있기에 그렇게 불린다.

어떤 인연이 있었는지 내가 사는 동네에 스님이 기거하는 사찰이 있었다. 스님이 주석하는 절은 내가 늘 지나 다니던 등산로 입구에 있는 공덕사이기에 만남이 더욱 반가웠다. 그런 연유로 한두 번에 걸쳐 만나 뵙게 되었고 소탈하고 호방한 스님의 걸림 없는 생각들이 나를 끌었다.

공덕사 경내에는 단풍나무가 유달리 많다. 스님은 단풍나무를 좋아 했다. 마당가에 단풍나무와 벚나무가 함께 자라고 있는데 단풍나무는 잎을 피우면서부터 물들어 지기까지 깔끔하여 마치 선비나 난을 보는 것 같아 좋아한다 하였다. 그래서 스님의 또 다른 거처인 거창의 정토원 주변에도 단풍나무를 심어 그곳에 시 테마공원을 조성할 꿈을 가지고 있었다.

수행하시는 분이 왜 시를 쓰느냐 했더니 스님은 시를 버릴 수가 없다했다. 20대 후반부터 시와 소설을 쓰기 시작했다가 한동안 부산 화엄사 창건에 열중하다보니 손을 놓고 25~6년의 세월이 흘렀고 덕택에 땀샘이 맑아져 시심이 새로워지긴 했으나 그게 쉽게 되지 않았다 했다. 뒤늦게 문학의 열정에 빠져 혼자 힘으로 시를 쓰기 시작했고 2005년 어느 잡지를 통해 등단했지만 그것은 중요하지 않았다. 그에게는 수행의 길에서 쓰는 작품이 문제였다.

정신에는 참선이나 염불, 또는 수행으로서 채워지지 않는 영역이 늘 남아 있었고 그것을 풀어내다보니 자연스럽게 노래가 되었다고 했다. 그러기에 소설 보다는 시가 수행생활에 보탬을 준다고 하였다. 시를 알고 난 이후 세상을 보는 눈이 넓어진 것 같다 하였고 사물들에 대한 관심과 집중 때문에 깨달음에 대한 의미도 새롭게 다가 왔다는 것이다.

갈 길이 먼데
선채로 피어난 숲
가부좌 틀고 계시는 님의 고적한 혼들이
폭포로 부딪고 산새로 울어
열린 귀로 들으니
산에는 꽃이 피더라

보느냐 바람이 달빛을 불러
봄 가는 꽃잎에 나를 싣고 가는데
난 님의 품에 어리어
꽃 피고 새 운다

「적락 寂樂」 전문

시인으로서보다 스님으로서 더 오래 몸을 담았기에 시에도 수행의 흔적은 지울 수가 없고 수행에서 얻은 삶의 해석들이 녹아있는 것은 당연하다. 우리 시단에는 스님들이 많이 이름을 올리고 있다. 그것은 수행과 시작은 크게 다르지 않기 때문일 것이라고 나름대로 생각해 본다. 그렇지만 생활인으로서의 시인과 수행인으로서의 시인은 그 표현 방식이나 주제의식에서 차이가 날 수 밖에 없고 스님의 시에는 불교가 목표로 하는 해탈의 경지를 향해 나아가는 정감의 길목에 서있는 작품들이 더 많다. 시인은 오로지 시일뿐이라고 하지만 스님 시인의 작품을 접하는 독자로서는 따로 떼 놓고 생각할 수가 없다. 스님이 하는 일상적인 말도 일반 대중들이 들을 때는 어떤 의미를 담고 있을 거라고 생각하고 있기 때문이다. 그래서 스님의 일거수일투족은 속세인의 그것과는 달라 보이고 그러기에 색안경을 쓰고 볼 수밖에 없다. 시인의 경우 시인보다 스님이란 신분이 우선이기에 그에 따른 해석이 우선이 될 수밖에 없다. 제웅 스님의 시도 이 틀을 벗어날 수는 없다. 불교가 궁극적 목표로 생각하는 해탈의 길은 어렵고 험난하다. 제웅 스님의 시는 그 해탈의 길 위에 서있다.

떴느냐
뜨면 뜬 대로
덜 뜨면 덜 뜬 대로

어울려

수묵화 그리는 메주다
이도 모르며 어찌 둥근 삶 살겠느냐

그러니
콩이다 팥이다
희고 붉음을 논하며 다투는 것이다

새들의 노래는 접고
필요하면 다시 띄워라
산 높고 강 깊음이 아리따울 때까지

얼마나 삭혀야
애간장 절절히 울어나
짭짤한 맛이 맑은 거울이 될까

「절이 삭아야지」 전문

콩으로 메주를 빚어 띄우고 발효시켜 간장을 만들어 내면서 터득한 삶의 해석법이 녹아 있는 시로 걸림없이 사는 모습을 제시한다.

제웅 스님의 시에서 백장선사를 떠올리는 것은 자연스럽다. 백장선사는 '一日不作 一日不食'이란 유명한 말을 남긴 선승이다. 제웅 스님은 백장 선사처럼 하루 일하지 않으면 먹지 말라는 화두를 붙들고 계신다. 그래서 흙을 파고 밭을 갈며 씨앗 뿌리고 콩을 삶아 메주를 만들고 그것을 띄워 간장을 담그고 된장을 만드는 일에 시간을 많이 쓴다. 선사와 비교할 일은 아니지만 노동이 흐르는 일상에서 스님이 추구하고자 하는 세계를 읽을 수 있기에 이를 감히 드러내 본다.

공덕사에 새로 짓는 요사체도 기와 얹는 작업을 손수 하셨단다. 법당에 기와를 얹을 때 사람을 시켜 했더니 처마 끝에 바짝 닿게 이어서 써까래가 비에 노출되는 것을 막을 수 없었다 했고 그래서 이번에는 자신이 직접 기와를 얹었노라고 털어 놓았다. 정토원에 감자를 심고 민들레 동산을 조성한다. 스님의 시는 그런 일상들의 과정 속에 있었다.

그러기에 시도 관념에서 십리나 벗어나 있고 허상이 아닌 실상에 있으며 삶의 실천적 모습을 담고 있기에 강한 힘을 지니고 있다.

봄꽃 피어나면
바위 마음 설렌다
꽃그늘 속 인파가 불러도

나는야 가지 않을래
꽃보다 아리따움 두고 가지 않을래

향 사루고 포단에 앉으면
향냄새 스며드는 내 안의 만다라

거기에 폭포가 있고 녹음이 짙고
새들 우짖어 노래를 한다

왜 무엇 때문에
밖에 나가 산란의 칼 딛겠느냐

나는 꽃의 아름답고 향기로운
잔잔한 화엄에 노니는 하얀 새

오묘한 꽃의 나라 싱그러움
그 향연 소리를 들어 보렴

「꽃의 만다라」 전문

위의 시는 봄의 아름다움을 노래한 작품으로 꽃이 피면 바위까지도 마음이 설렌다고 하였다. 무생물인 바위까지 마음이 설레는데 하물며 인간의 마음은 어떻겠는가. 들로 산으로 꽃

놀이 가는 것은 인지상정이다. 그러나 시적 화자는 밖에 온 봄만이 아름다운 것이 아니라 내 안에 피는 봄이 더 아름답다고 한다. 그것은 당연하다. 바위 속에 숨어있는 만다라 때문이다. 그것은 꽃 보다 더 아름답다. 그러기에 꽃구경을 가지 않는다. 내 안에 있는 꽃이나 새들이 잔잔한 화엄을 이룬다. 그 세계에서 피는 아름다운 꽃의 싱그러움이나 향연을 더 사랑하기 때문이다.

스님의 시에는 욕심이 없다. 해탈의 경지에 든 스님이나 도가 높은 어느 스님의 법문처럼 고고하거나 어렵지 않다. 해탈은 높은 곳에 있는 것이 아니라 가장 낮은 곳에 있음을 보여준다. 생활 속의 깨달음, 삶 속의 해탈을 꿈꾸기에 소박하고 대중들이 쉽게 접근할 수 있다. 해탈은 멀고 먼 이상향에 있는 것이 아니라 우리 생활 속에 숨어 있다는 자각을 지녔기에 스님은 생활 속에 숨어 있는 깨달음을 찾아가며 그것을 시로 풀어내는 작업을 한다.

2.

스님의 시집은 4부로 나뉘어져 있다. 그것은 일년의 4계 즉 봄, 여름, 가을, 겨울을 나타내고 이는 다시 생, 노, 병, 사의 순환을 엮어 삶의 한평생을 그려내었다. 봄은 꽃으로 대변되는 젊음과 생동감, 온갖 세파의 유혹들을 그렸고 여름은 성숙된 자연과 삶의 풍요와 그리고 도를 구하는 어려운 과정을 그렸다. 단풍으로 대변되는 가을은 자신을 지워내는 단풍나무의 모습에서 어느 정도 성취한 도를 볼 수 있게 해주고 메주와 간장 된장으로 대변되는 겨울은 깨달음의 성취가 무엇인가를 보여 준다. 어쩌면 심우도를 압축하고 있는 모습이 아닌가 한다.

〈직지심체요절〉 상권에서 백장 선사는 수행자가 갖는 세 가지 나쁜 욕심을 들었다.

첫째는 사부대중들이 나를 받들고 경배해 주기를 바라는 마음이고, 둘째는 모든 사람들이 나의 문도가 되어 주기를 바라는 마음이며, 셋째는 모든 사람들이 나를 성인과 아라한으로 알아주기를 바라는 마음이라고 했다. 자신의 작품에 그것을 드러내는 스님은 없겠지만 제웅스님의 노동은 스스로를 낮춤으로서 구도의 길을 가는 수도승의 자세를 간접적으로 보여준다.

내 호흡이 멎는 순간
푸른 산 깊은 골에
메아리 되어
나도바람꽃으로 피리니

그대가
정녕 나를 찾아
내 근황을 알려면
잎, 꽃
오가는 모습을 보오

나는
본디 그의 아들로
잎, 꽃이 피고지는
역사이었느니

굳이 묻지 마오
허공에 던진
한 점 내 혼의
잎, 꽃 오가는 모습
내 얼굴을

「내 모습」 전문

굳이 열반이랄 것도 없이 그저 호흡이 멎어 환생한다면 깊은 산골짜기에 핀 나도바람꽃이면 만족한다. 잎과 꽃으로 이승을 오가는 모습에 무슨 욕심이 있으랴. 해탈에 집착하는 것도 어찌 보면 욕심 아니겠는가. 허공에 던져진 내 영혼이 나도바람꽃의 잎과 꽃으로 잠시 왔다가는 나를 묻지도 말라는 것이 제웅 스님의 세상 읽기다. 일상에서의 깨달음은 먼 곳에 있지 않고 늘 가까이 있음을 대중들은 놓치고 있다. 도는 우리 생활 속 가장 낮은 곳, 늘상 생활하는 가운데 있다. 제웅 스님은 그것을 말하고 싶어했다.

망상에서 벗어나는 일, 깨달음은 다른 먼 곳에 있다는 편견, 나는 그대와 다르므로 나를 공경하고 경배하라는 차별의식 등등으로부터 자유롭지 못하다면 도를 얻는 길과는 너무나 멀다. 일상의 틀 속에서 일상을 버리는 것, 일상에 집착하지 않음이 곧 망상을 벗어나는 일이며 도를 구하는 본연의 모습일 것이다. 도에서 자유롭지 않으면 도를 구할 수 없고 일에서 자유롭지 않으면 일이 나를 구속할 것이다. 자연의 운행처럼 도를 구할 일도 없고 일에 얽매이지 않는 것이 바로 도다.

한숨 자고 일어나니
새벽공기 상큼하다

문 밖에 한 발 딛고
한 발 합쳐 선다
해가 지면
달, 별이 뜨는데

세상 떠들썩
웃고 운다

「출입出入」 전문

자고 일어나서 문을 여니 시원한 바람이 코에 닿는다. 공기가 상큼한 느낌을 갖는다. 누구나 가지는 일상이다. 문 밖에 나서는 일도 의미를 두지 않는다. 해가 지면 달이나 별이 뜨는 것도 자연의 엄청난 이치를 담고 있다. 그것을 풀어내자면 과학적 논리로도 엄청나게 많을 것이다. 그러나 실상에 떨어지지 않고 그냥 현상으로 바라본다. 세상이 떠들썩하거나 웃기도하고 울기도 하는 사람들처럼 세상은 거기에 그냥 있는 거다. 세상에 얽매이지 않는 것이 가장 큰 도임을 보여주고 있는 작품이다.

여우가 된 스님을 백장선사가 구한 이야기가 화두로 전해 내려온다.

'크게 수행한 사람도 인과에 떨어집니까. 떨어지지 않습니까?' 라는 질문에 '크게 수행한 사람도 떨어지지 않는다' (不落因果)〉고 대답한 어느 절의 조실이 5백년 동안 여우의 몸으로 지내야 했다. 수도인의 한 마디에 의한 인과의 과보가 얼마나 무서운가? 백장 스님은 그 여우에게 같은 질문을 다시 하게 했다. 그리고는 답변으로 '인과에 어둡지 않는다(不昧因果)' 라고 일갈했다. 그랬더니 여우가 크게 깨닫고 껍질을 벗었다는 내용이다.

둘의 답변은 한 글자 차이지만 그것을 깨닫게 되기까지의 간격은 오백년이 될 수도, 천년이 될 수도 있고 천리나 만 리가 될 수 있고 또는 영원히 닿지 못할 시공이 될 수도 있다.

인과에 매이지 않는 일이 어찌 쉬울까. 사람들은 밥을 먹는 동안에도 수많은 잡념을 일으킨다. 잠자는 동안에는 과거의 일에 또는 미래의 꿈에 사로잡힌다. 어쩌면 자신의 억눌린 욕망들에 대해 꿈꾸고 있을지도 모른다. 이것이 속된 마음이다. 속된 마음은 이 순간에 있지 못하고 항상 다른 곳을 배회한다. 배고프면 먹고 피곤하면 잠잔다. 그 밖의 어떤 것에도 얽매이지 말라. 이런 일상이 제웅 스님의 작품에 깔린 관념이라면 관념이다.

단풍은
붉고 노란 심장을 드러내
온 몸으로 참회하고 있다

일 년에 한 번
가진 것 다 털어
오체를 던진다

봄
오기까지
빈자의 자리로 돌아가 숨 죽인다

「참회」 전문

일년에 한 번씩 가진 것 다 털어 오체를 던지는 단풍나무는 빈자리로 돌아가 다시 봄이 오기를 기다린다. 참회하지 않고 던져 넣지 않으면 오지 않을 봄은 얼마나 아름다운가. 단풍나무처럼 언제나 이 순간에 이 행위에 전념하는 것이야말로 도에 이르는 가장 빠른 지름길이다. 그러므로 손을 들어 올릴 때에는 그저 손을 들어 올려라. 다른 것을 생각하지 말고 앉을 때는 그저 앉고, 걸을 때는 그저 걸어라. 지금 여기의 행동 하나하나에 전념한다면 다른 생각이 들어오지 못한다. 이것저것을 생각하지만 그것들은 모두 허상에 지나지 않는다. 실상이란 바로 내 앞의 현재, 그것뿐이다. 제웅 스님은 바로 눈 앞에 펼쳐진 현실을 직시한다. 그것이 꽃이며 숲이며 단풍나무이며 메주다.

곱다
단풍 노을
도 이루면 저 같겠지

나는 합당한 행위와 목적으로
가을 오색단풍 공기를 호흡하고 있는가

심중을
단풍 빛 화살로 쏘아 본다
삶의 과녁이 빗겨가지 않나 두려운 일이다

「단풍 빛 화살」 전문

단풍은 도를 이룬 모습이다. 그렇지만 단풍을

바라보는 시적 화자는 단풍을 바라보는 그 자체마저도 합당한지가 의구스럽다. 그렇기에 〈탐 진 치/백팔번뇌를/단풍 빛으로 맑히〉고 난 뒤에야 세상을 본다. 이 이해는 모든 의식을 한데 모아 화살처럼 만들어주기 때문이다. 그리고 화살이 된 의식은 삶의 근원을 향해 날아가기 시작한다.

단풍 빛 화살은 무엇인가? 단풍 빛은 모든 것을 버렸을 때 찾아오는 영롱한 사리다. 해탈을 꿈꾸는 이의 이상향이다. 그러기에 삶의 모든 방편은 의식을 단풍 빛 화살로 만드는 장치 외에는 다른 것이 아니다. 절박한 열망이 있을 때 이 화살은 과녁을 향해 날아가기 시작한다. 시적 화자는 이 과녁과 멀리 떨어져 있지 않다. 이것은 아주 짧은 여행이다. 그럼에도 불구하고 사람들이 거기에 이르는데 수백 만 번의 생애가 걸리는 것은 그들이 한 치도 내면으로 들어가지 않기 때문이다. 그래서 윤회는 끝남이 없다. 그러기에 사부대중은 두려운 것이다.

상현달
보름 가까워지면

어르신들 한숨 소리

우린 끝난 거야
고로쇠나무 심지 않겠다
어느 때 영화를 볼 수 있겠어

아프지 않고
속이나 편케 그럭저럭 살다
자는 잠에 가면되지 뭐 있겠어

산골 마을은
가마솥에 콩 삶는 냄새 그윽한데
메주 볼기 내리치며 늙어가고 있었다

「메주 치는 나이소리」 전문

이제 겨울을 이야기 한다. 겨울은 체념과 달관이 일상을 지배한다. 메주에 핀 곰꽃은 해탈의 경지에 속한다. 산골 마을의 노인들은 아직도 콩을 삶는 일에 전념한다. 그들은 아직 메주를 띄우지 못하고 콩을 삶아서 메주 형상을 빚는 일에 빠져 있다. 메주의 볼기짝을 내리치며 늙어가는 현실을 시적화자는 직시한다. 편안한 체념은 세월이 가져다 준 해탈의 다른 모습이다.

대중의 생각 속에 박힌 견고한 못과 쐐기를 뽑아 주려고 법문을 늘어놓는다. 그러나 안목이 없으면 못과 쐐기를 뽑아주고 있는데도 아프다고 비명만 내지르고 또 다른 못과 쐐기를 뽑아주기를 바란다. 운문 선사는 '평지에서 죽을 놈들이 수도 없다. 가시덤불을 지나 갈 수 있는 놈이라야 제대로 된 놈이다.'고 외쳤다. 바로 의식이 열려있는 자라야 가시덤불이라는 격외格外의 언구言句 속에서도 낙처落處를 알아차릴 수 있을 것이다. 외골수들은 말이라는 가시덤불을 헤쳐 나오지 못한다. 안목이 있는 자라면 칼을 움켜 쥔채 휘두르더라도 칼끝도 상하지 않게 하고 자신의 손도 다치지 않는 법이다. 가시덤불을 뚫고 지나갈 수 있는 힘이 없다면 결국 실오라기 하나도 끊어버리지 못할 것이다.

백장선사께서 대중들에 일렀다 "목구멍과 입술을 닫고서 빨리 한마디 하거라." 이 화두에 빠지면 한 마디도 할 수 없을 것이다.

어느 순간 꿈에서 깨인다
그러나 나는 꿈 가운데 있다

현실도 이승이라는 꿈 가운데 있다
이 꿈이 깨는 시각은
나의 오도悟道는
어느 시점에서 점을 찍을까

「꿈」 끝연

시는 바로 목구멍과 입술을 닫고 내던지는 한마디 말이다. 대중을 향하여 백장선사는 수없이 설했지만 설함 없이 설했고, 대중은 수없이 들었지만 들음 없이 들었다. 어찌 이 작은 요설로 제웅 스님의 한마디에 어찌 닿을까.